banana

guava

orange

mango

pineapple

avocado pear

passion fruit

tangerine

For Emma, Linda, Nadine and Yewande

*The author would like to thank everyone who
helped her research this book, especially Wanjiru
and Nyambura from the Kenyan Tourist Office,
and Achieng from the Kenyan High Commission.*

*The children featured in this book are from the
Luo tribe of south-west Kenya.*

Copyright © 1994 Eileen Browne
Dual Language Copyright © 1999 Mantra Publishing Ltd
This edition published 2000

First published 1994 by
Walker Books Ltd

Published by
Mantra Publishing Ltd
5 Alexandra Grove
London N12 8NU

હાન્ડાનો અચંબો

HANDA'S SURPRISE

Eileen Browne

Gujarati translation by Bhadra Patel

mantra

હાન્ડાએ પોતાની બ્હેનપણી અકેયો માટે એક ટોપલીમાં સાત સ્વાદિષ્ટ ફળ મૂક્યાં.

Handa put seven delicious fruits in a basket for her friend, Akeyo.

અકેયોના ગામડા તરફ ચાલતાં ચાલતાં હાન્ડા વિચારવા લાગી કે અકેયોને અચંબો થશે.

She will be surprised, thought Handa as she set off for Akeyo's village.

એને ક્યું ફળ સૌથી વધુ ભાવશે?

I wonder which fruit she'll like best?

તેને પોચું પોચું પીળું કેળું ભાવશે ...

Will she like the soft yellow banana ...

કે પછી મીઠી ખુશ્બુવાળું પેરુ?

or the sweet-smelling guava?

તેને ગોળગોળ રસાદાર નારંગી ભાવશે ...

Will she like the round juicy orange ...

કે પછી પાકી લાલ કેરી?

or the ripe red mango?

તેને કાંટાળા-પાંદડાંવાળું અનેનાસ ભાવશે ...

Will she like the spiky-leaved pineapple ...

મુલાયમ લીલો અવાકાડો ...

the creamy green avocado ...

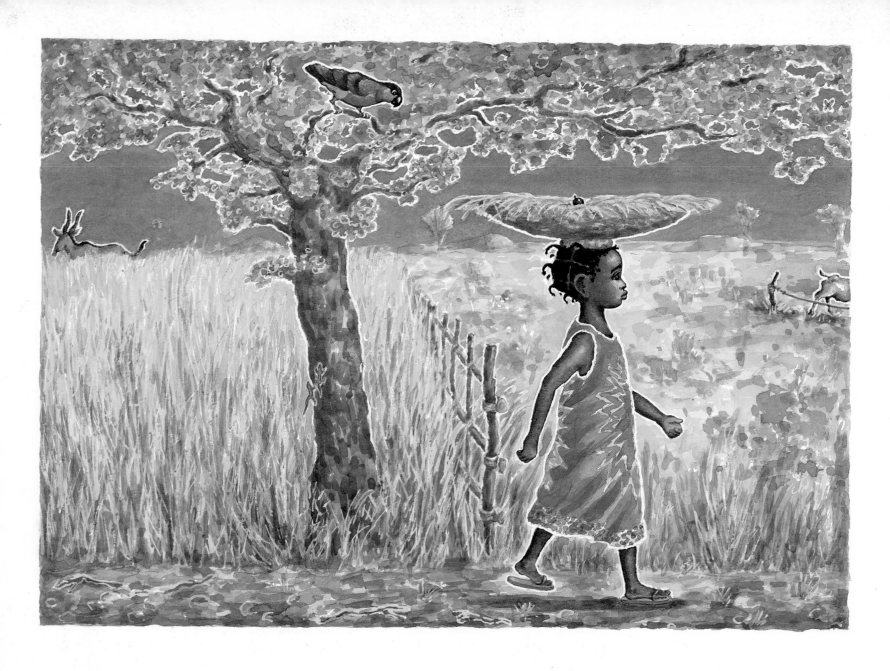

કે પછી ખટમીઠું જાંબુડી પેશન-ફ્રુટ?

or the tangy purple passion-fruit?

Which fruit will Akeyo like best?

અકેયોને કયું ફળ સૌથી વધારે ભાવશે?

"Hello, Akeyo," said Handa. "I've brought you a surprise."

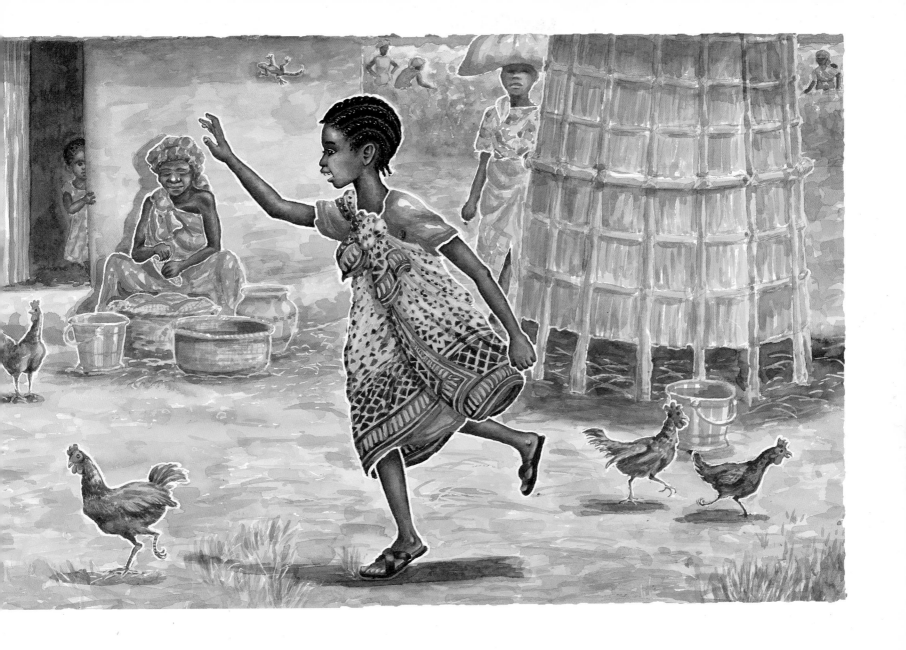

“હલ્લો, અકેયો,” હાન્ડાએ કહ્યું. “તને અચંબો થાય તેવું કંઇક હું તારા માટે લાવી છું.”

"સંતરાં!" અકેયો બોલી ઊઠી. "મારું મનગમતું ફળ."
"સંતરાં?" હાન્ડા બોલી. "એ તો ખરેખર અચંબો જ કહેવાય!"

"Tangerines!" said Akeyo. "My favourite fruit."
"TANGERINES?" said Handa. "That *is* a surprise!"

monkey

ostrich

zebra

elephant

giraffe

antelope

parrot

goa